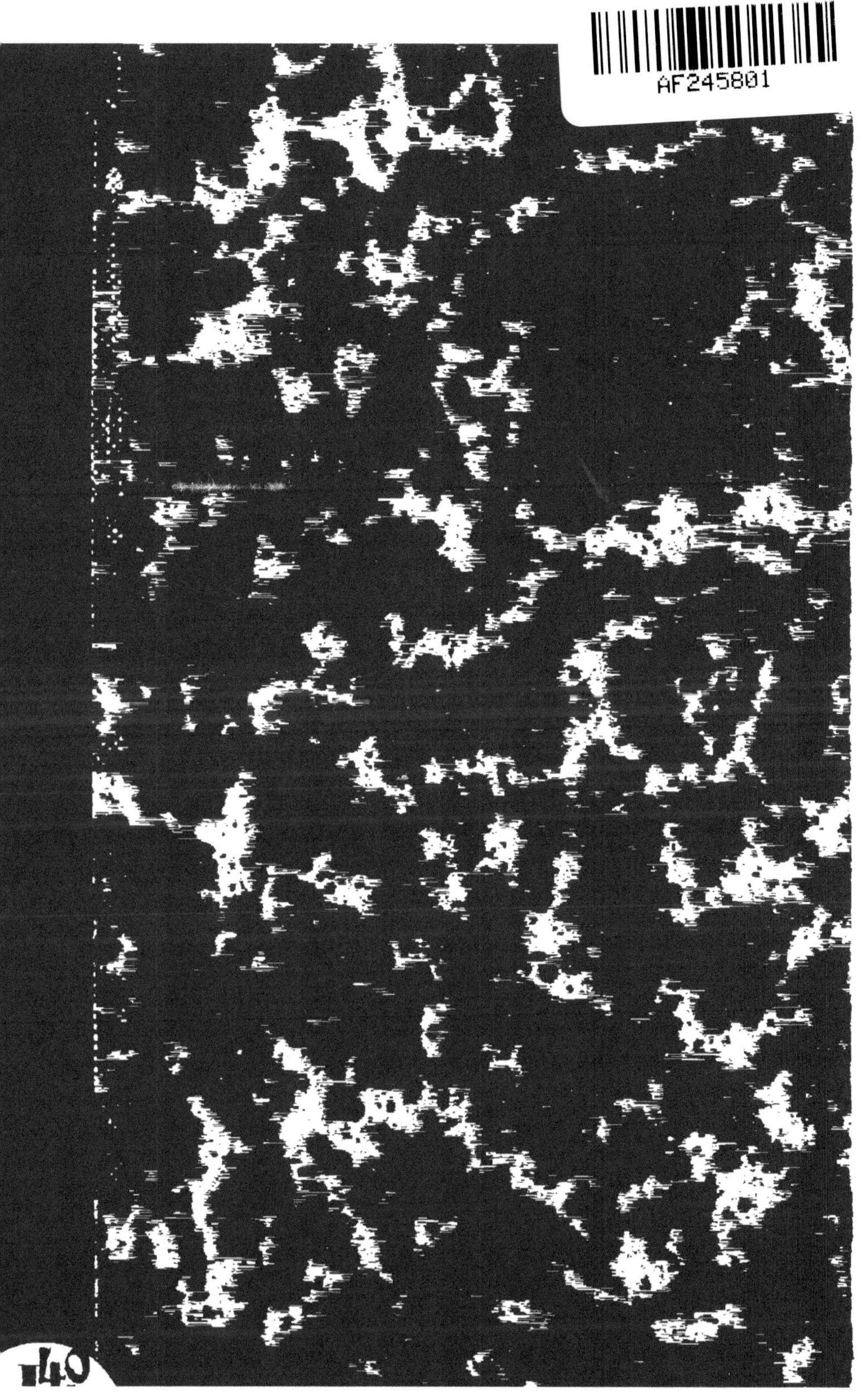

140

RÉCIT

DE LA RÉVOLUTION

DE ROME,

SOUS TARQUIN-LE-SUPERBE,

LU LE 4 DÉCEMBRE 1791,

DANS LA SOCIÉTÉ PATRIOTIQUE DE DIJON,

PAR P. BAILLOT.

A DIJON,

DE L'IMPRIMERIE DE P. CAUSSE.

1791.

Vicit amor Patriae !

VIRG.

Servius-Tullius régnoit depuis quarante-
quatre ans avec gloire ; lorsqu'un jour entrant,
selon sa coutume, au sénat pour le présider, il
apperçut son gendre qui s'arrogeoit cette fonction.
Eh quoi ! lui cria-t-il dès le vestibule, *moi vi-
vant, vous à ma place ? — J'occupe celle de
mon aïeul,* répondit Tarquin : *trop long-temps tu
as insulté à qui étoit né ton maître.* Le cortege de Servius pousse un cri d'indignation ; mais
la plupart des sénateurs étoient gagnés, ils s'é-
lancent en tumulte. Le peuple commençoit à s'at-
trouper : Tarquin, qui sent le prix des momens,
saisit, avec toute la force de son âge, le débile
vieillard, et le jette hors de la salle jusqu'au bas
des degrés : deux assassins à ses ordres l'y égor-
gent. Un moment après, la dépravée et féroce
Tullie, dans l'impatience de saluer roi son époux,
fit passer son char sur le cadavre.

Le parricide s'empara ensuite de la couronne
sans forme d'élection. Ce double attentat ne lui
laissant d'autre appui que la violence, il ne
marcha plus qu'entouré de satellites et d'espions :
il exila ou fit mourir tous ceux des sénateurs ou
des riches citoyens qu'il soupçonna de regretter

Servius. Ainsi périrent et le pere et le frere aîné de ce Junius, surnommé *Brutus* ou *l'hébété*, à cause de l'air stupide dont il masqua son ame républicaine pour échapper à la mort.

Du reste, l'usurpateur fit preuve de talens rares. Il avoit affaire au peuple le plus hardi ; il sut le contenir vingt-cinq années en maître absolu. Fier et cruel avec les grands, il les immoloit à ses défiances, à sa cupidité ; mais familier et libéral avec le soldat, il ne sembloit faire la guerre que pour l'enrichir : affable et magnifique avec la multitude, il n'étoit attentif qu'à lui ôter le loisir de la réflexion ; il l'amusoit par des fêtes, il l'occupoit à la construction de superbes édifices ; et quand le travail ou l'argent manquoit, il la conduisoit au pillage de quelques villes voisines, dont la conquête augmentoit le territoire de Rome.

A la fin ses ressources tarirent, et l'épuisement du trésor public, ce sinistre avant-coureur des révolutions, l'entraîna dans des mesures violentes ; elles acheverent d'aliéner de lui les esprits. Alors sa fougue impérieuse n'eut plus de bornes : la moindre assemblée de citoyens fut défendue, fut punie ; plus de sénat, plus de comices, plus de loi que sa volonté ; mais aussi un mécontentement général, un vœu unanime pour un changement quelconque.

Il pressentoit son sort ; et, pour y échapper,
il mena brusquement les Romains attaquer Ardée
(ville opulente du voisinage); l'assaut ne réussit
pas. Il fallut camper au pied des murs.

Là, pendant le siege , un soir que son fils
Sextus et ses deux freres s'amusoient à boire dans
leur tente avec Collatinus et quelques autres jeunes
Romains , ils vinrent à parler de leurs épouses ;
et chacun de vanter la sienne , comme la plus
belle et la plus sage. La dispute s'échauffant : —
Rien de plus aisé, se mit à dire Collatinus, *que
de décider la chose sur le champ. Montons à
cheval, Rome n'est pas loin , nous les surpren-
drons ; et celle trouvée le plus à ses devoirs au
moment qu'elles nous attendent le moins , sera
déclarée mériter la préférence.*

Ils étoient un peu chauds de vin , ils acceptent,
ils courent ; et, arrivés à Rome à l'entrée de la
nuit , ils vont droit au palais. Les Tarquin
trouvent leurs épouses oisivement plongées dans
les délices d'un festin. Ils se rendent à toute bride
à Collatie. La jeune épouse de Collatinus, Lucrece ,
quoique la nuit fût avancée , veilloit encore filant
la laine au milieu de ses femmes. Sa modeste
beauté, l'accueil charmant qu'elle fit à son mari,
à ses amis , réunirent toutes les voix en sa faveur ;
mais en même temps , allumerent dans le cœur

corrompu de Sextus, une passion si violente, que le crime seul put l'éteindre.

Quelques jours après, il se dérobe en secret du camp, et, suivi d'un seul esclave, il va lui rendre visite. Elle, sans la moindre défiance, le reçoit comme la premiere fois, comme un ami de son époux; et, après le repas du soir, le fait passer dans la chambre de l'hospitalité. Il y resta jusqu'à l'heure où il crut toute la maison endormie. Alors, il prend un coutelas, il pénetre, il se glisse sans bruit vers le lit de Lucrece; et, appuyant tout-à-coup sur elle une main féroce, ... *tais-toi, Lucrece*, dit-il, *je suis Sextus, je suis armé; si tu dis un mot, tu n'es plus......* Puis, dans le premier effroi de cette jeune femme éveillée en sursaut, menacée de la mort, et sans défense, il lui avoue sa passion, il la presse d'y céder, il feint de l'immoler : mais quand il voit que prieres, menaces, séductions, rien ne peut vaincre sa résistance.... *malheureuse!* ajoute-t-il dans un transport de rage, *la mort même ne te sauvera plus du déshonneur; je vais t'égorger; j'égorgerai mon esclave; je mettrai dans ton lit son cadavre nud entre les bras du tien; et l'on dira que, surprise en un vil adultere, on t'a justement mise à mort.....* A cette horrible image, elle succomba.

Sextus s'en retourna au camp , comme en triomphe de sa brutale victoire.

L'infortunée , dès que le jour parut, envoya à Rome vers son pere , envoya au camp d'Ardée vers son époux , leur faisant dire d'amener chacun un ami ; mais de se hâter, qu'une chose affreuse venoit d'arriver.

Ils accourent ; le pere avec Valérius un de ses parens , l'époux avec Junius Brutus qu'il avoit rencontré. Ils la trouvent immobile , pâle et dans le plus morne désespoir. — A leur vue.... des larmes coulent de ses yeux. — Son époux s'informe avec effroi de sa santé? — *Ah !* répond-elle, *qu'importe la santé à une femme déshonorée!.... Collatinus !.... Votre lit est souillé. Du reste, mon corps seul a cédé à la violence, et non ma volonté : ma mort en sera la preuve. Mais jurez-moi tous de ne pas laisser l'adultere impuni. C'est* SEXTUS. *Cette nuit, hôte perfide , et le fer en main , il m'a arraché une jouissance funeste pour moi ; mais qui, si vous êtes des hommes, ne le sera pas moins à lui-même.*

Ils jurent tous de la venger. Ils voudroient la consoler en lui représentant que dans un crime involontaire , le seul coupable est celui qui y force...... *C'est à vous,* continue - t - elle , *de voir ce qu'il mérite : quant à moi, qui me déclare*

innocente du crime , je ne m'exempte pas du sup-
plice ; et jamais femme ne s'autorisera de l'exem-
ple de Lucrece , pour survivre à son honneur.
— A ces mots , elle se frappe d'un poignard , et
expire.

Son époux , son pere poussent des cris de douleur. Mais Brutus, au milieu de leurs larmes, ce
Brutus , jusques-là le jouet de la cour pour son
imbécillité simulée , retirant du cœur de Lucrece
le poignard , et le levant tout sanglant vers le
ciel...... *Par ce sang , s'écrie-t-il , si pur avant*
l'outrage du fils d'un Roi , par vous , dieux im-
mortels qui m'ecoutez, je jure de poursuivre jus-
qu'aux enfers, et Tarquin le superbe , et son abo-
minable épouse , et toute sa race criminelle, et de
ne plus souffrir désormais que , ni eux , ni qui que
ce soit , regne dans Rome. Il présente le poignard
au pere , à l'époux , à Valérius ; et tous les trois
stupéfaits , comme d'un prodige , de cette sou-
daine force d'ame de Brutus, répetent d'après lui
le serment. Leur douleur , à l'exemple de la
sienne , se tourne en rage ; ils n'entendent que
ses cris qui les appellent à l'expulsion des tyrans ;
ils le suivent hors de la maison comme leur chef ;
et tous portent ensemble le corps de Lucrece dans
la place publique.

La nouveauté du spectacle attire la foule. On

s'attroupe autour du cadavre. L'indignité de l'outrage semble à chacun réjaillir sur tous. On s'é-
meut de la douleur profonde du pere ; on s'en-
flamme à la voix de Brutus qui condamne les
vaines larmes , les stériles plaintes , qui veut
qu'on agisse en hommes , en Romains, et que l'on
coure aux armes comme contre l'ennemi. — Bientôt
une foule de jeunes volontaires se présentent armés
(car dans ces momens terribles où l'injustice au
comble fait ressaisir aux hommes leurs droits natu-
rels , la jeunesse est toujours la plus prompte à
manifester son horreur de l'oppression). Brutus en
poste quelques-uns aux portes de Collatie , pour
empêcher que personne n'aille avertir les Tarquin , et lui-même , à la tête des autres , marche
à Rome.

L'arrivée de cette multitude en armes , y répand
d'abord le tumulte et l'effroi : mais la vue des prin-
cipaux citoyens qui étoient à la tête , ne tarde pas
à rassurer. La nouvelle de l'attentat souleve aussi
promptement Rome , que Collatie. On accourt de
tous les quartiers de la ville. Brutus convoque
l'assemblée du peuple. Il y peint à traits de feu
l'infamie de Sextus , la fin tragique de la chaste
Lucrece , un pere inconsolable , moins encore de
la mort de sa fille , que de l'injure qui l'a causée ;
les crimes de Tarquin et son orgueil et ses cruautés ;

et tous les maux qu'il a fait souffrir à son peuple, à ce peuple, l'intrépide vainqueur des nations voisines, et qu'il condamne à des fouilles malsaines, à creuser des égoûts, à des travaux de manœuvres et d'esclaves.... *Mais, dieux immortels! ajoute-t-il , quand il voit l'indignation au comble, qu'est-il besoin de paroles, quand la place où nous sommes l'accuse plus haut que nous ? J'entends encore les cris de ce bon roi Servius, égorgé par son gendre..... Je vois sa fille impie, foulant le cadavre de son pere, aux pieds des chevaux épouvantés..... Furies des enfans dénaturés, leur heure est venue; hâtez-vous d'en purger nos murs. — Et puisque le pouvoir suprême corrompt si profondément ; puisque le trône fait si vîte oublier à un roi, que c'est le peuple qui le donne ; Romains! brisons le trône, et restons le* PEUPLE-ROI.

Le décret pour l'expulsion des Tarquin passe : le sénat le confirme. Brutus laisse aussi-tôt le commandement de Rome au pere de Lucrece ; et toujours à la tête de ses braves volontaires de Collatie , auxquels l'élite de la jeunesse de Rome s'étoit déja jointe, il marche rapidement au camp d'Ardée.

Tarquin en étoit parti tout inquiet au premier avis de l'insurrection , pour la réprimer, s'il étoit possible , dès sa naissance. — Il arrive devant Rome...... Les portes sont fermées , les murs couverts de citoyens armés : on lui signifie le décret de son exil. — Il rebrousse chemin vers le camp....... Il rencontre , à moitié route , ses enfans , que l'armée , déja soulevée par Brutus , venoit d'en chasser. — Frémissant de rage , il se réfugie chez les Etrusques.

Brutus ramène en triomphe l'armée. Il rentre dans Rome aux cris d'allégresse d'un peuple libre , aux chants de victoire de toute l'intrépide jeunesse , enivrée de patriotisme et de joie. Arrivé sur la place , on le proclame le LIBÉRATEUR DU PAYS.

On établit alors , sous le nom de *république*, une nouvelle forme de gouvernement. Au lieu d'un *roi* ou chef perpétuel , on eut deux *consuls* ou chefs annuels , pris dans le sénat , et choisis par le peuple ; et , comme les premiers à se jeter au feu du péril pour la liberté , en recueillent d'ordinaire les premiers fruits , Brutus fut le premier consul avec Collatinus. D'autres égaloient celui-ci en mérite ; mais c'étoit le mari de Lucrece.

La révolution , vu sa rapidité même , n'étoit encore rien moins qu'assurée. Les fugitifs mettoient tout en mouvement sur la frontiere. Ils faisoient répandre à dessein les bruits les plus alarmans dans Rome , et leur approche avec des forces formidables étoit la nouvelle du jour. — Dans ces circonstances, il étoit à craindre que le premier enthousiasme pour la liberté venant à se ralentir, le peuple, inaccoutumé encore à ses orageuses agitations, et n'envisageant que sa propre détresse, ne prêtât l'oreille à des sollicitations perfides, et ne vînt à regretter une cour, hautaine il est vrai et tyrannique, mais dont la fastueuse opulence l'occupoit et le faisoit vivre.

Brutus donc, ne respirant que la liberté publique, signala son entrée au consulat par une solemnelle fédération contre le retour des Tarquin. Comme il étoit le premier en fonction, il assembla les Romains devant l'autel de la patrie. — Là, après les cérémonies d'usage pour pénétrer tous les esprits de la majesté du serment : PEUPLE LIBRE ! dit-il, *dont l'intrépide énergie vient de donner aux nations esclaves un éternel exemple, que l'enthousiasme du moment ne ferme pas nos yeux sur l'avenir. Notre position est précaire encore. Les Tarquin sont chassés, mais leur cause est celle de tous les rois. Ils intriguent dans leur exil ; ils intéressent à leur injure des nations voisines, jalouses, puissantes, et que notre future grandeur déja humilie et effraie. Ils menacent Rome d'être bientôt à ses portes avec le fer et le feu... Ah ! qu'ils viennent ! qu'ils osent, à* la tête de mercenaires et d'esclaves, attaquer des citoyens SOUS LES YEUX DE LA PATRIE... et re-présenter le joug à des hommes impatiens de si-gnaler pour la LIBERTÉ leurs premieres armes!... — Mais non, ce n'est pas sur leurs forces qu'ils comptent; c'est sur nos divisions. C'est par nous-mêmes qu'ils songent à nous vaincre. C'est sur les secrettes haines des uns, sur les regrets des autres de ne plus dominer, sur la misere momentanée du grand nombre; sur toutes les lâches défections de l'intérêt personnel, qu'ils fondent leur avilissant espoir. Et l'or, et les vaines promesses, et toutes les séductions vous seront prodiguées pour vous isoler d'abord de la cause commune, et pour vous armer ensuite contre elle... contre la LIBERTÉ !.... vous! des Romains!... ah! vos fronts rougissent de colere; l'honneur en vous s'indigne de cette inju-rieuse attente, et vous brûlez avec Brutus de la dé-mentir d'avance. Dignes enfans de la patrie! voici son autel. Jurons-y donc ensemble à la tyrannie une éternelle haine, une éternelle union entre nous.

L'air retentit d'acclamations. Les deux consuls sont debout devant l'autel, ils la touchent de leur main. Brutus dit à haute voix.

Ecoutez, Jupiter, Junon, et vous Quirinus, dieux du ciel, de la terre et des enfers, écoutez le serment fédératif que le peuple romain prononce par ma bouche sur l'autel de la patrie. — *Nous jurons tous, pour nous, pour nos enfans, pour toute notre postérité, de ne jamais rappeller d'exil, ni Tarquin, ni ses enfans, ni personne de sa famille, et de ne plus souffrir de rois dans Rome.*

Tout le peuple, le bras tendu vers l'autel, répéta d'un cri unanime : Nous le jurons.

Brutus ajouta : *Nous dévouons aux dieux infernaux, nous condamnons aux plus cruels supplices quiconque entreprendra de rétablir dans nos murs l'ancien gouvernement.*

Le peuple, avec le même enthousiasme : Nous le jurons.

Alors, on immola de nouvelles victimes ; et l'auguste cérémonie finit aux sons mâles et rapides des instrumens guerriers, aux refreins enivrans de l'air national, aux cris répétés mille et mille fois de : *vive la liberté ! vive Brutus !* périsse, périsse tout traître a la patrie !

On ne s'occupa ensuite qu'à réparer le mal qu'avoit fait Tarquin, et à consolider le nouveau gouvernement. Mais pendant que ces deux consuls donnoient toutes leurs sollicitudes à la chose publique, la liberté, si glorieusement recouvrée, faillit d'être reperdue.

Il s'en falloit de beaucoup que la révolution fût

agréable à tout le monde. Les Tarquin avoient encore dans Rome une foule de secrets partisans. Plusieurs jeunes gens des premieres familles, nourris avec eux dans la licence et dans les plaisirs, et accoutumés dans la familiarité de ces princes à ne connoître aucun frein, s'effarouchoient des formes républicaines. L'honorable poids des charges communes leur sembloit insupportable ; et au souvenir des distinctions flatteuses de la cour, ils s'indignoient de cette égalité humiliante qui les confondoit avec la multitude. C'étoit-là sur-tout le sujet de leurs plaintes lorsqu'ils se trouvoient ensemble : *Un roi*, disoient-ils, *du moins est un homme ; il écoute, il fait grace, il se rappelle les services ; le rang et la naissance ne restent point nuls à ses yeux ; il sait distinguer ses amis de ses ennemis ; on peut l'intéresser en sa faveur lorsqu'on a pour soi le bon droit, et même lorsqu'on ne l'a pas. — Mais où recourir avec ces loix sourdes, inexorables, qui ne passent rien ; qui, pour peu qu'on s'écarte de la regle, (et quel est celui qui ne manque ?) vous traitent une personne de notre rang comme un homme du peuple ? — Cette révolution si vantée, qu'a-t-elle donc produit ? En rendant cette populace libre, c'est nous qu'elle a mis en servitude.*

Ces plaintes, qu'ils se communiquoient journellement , envenimoient leur haine contre tout ce qui se faisoit. Tarquin , dans son exil, en fut informé ; et toujours prompt à profiter des circonstances , il sollicita avec instance les Etrusques d'envoyer une ambassade à Rome , sous prétexte de réclamer ses biens , mais en effet pour essayer, à l'aide de tous ces secrets mécontentemens , de nouer les fils d'une conjuration en sa faveur.

Les ambassadeurs arrivent : ils exposent au sénat la demande de Tarquin. Brutus, toujours rigide dans ses principes, s'oppose à ce qu'on rende rien au tyran : *autrement*, dit-il, *c'est lui fournir nous-mêmes les moyens d'armer*. — Collatinus vouloit qu'on rendît tout, pour ne pas lui donner un prétexte de déclarer la guerre et de dire qu'on ne l'avoit chassé que pour le dépouiller. Le sénat restoit dans l'incertitude. — L'affaire fut renvoyée au peuple ; tout cela entraîna des longueurs. — Les ambassadeurs en profitent; ils sondent les esprits , ils intriguent , ils corrompent et cherchent à former un parti. Le peuple se décida pour l'avis de Collatinus ; nouveau prétexte de séjourner pour veiller au transport des meubles, nouvelles tentatives , redoublement de séduction. La trame s'ourdit, les conjurés se multiplient : d'abord en petit nombre et comme rougissant d'eux-mêmes , ils ne hasardoient leurs furtifs conciliabules que dans ces lieux honteux dont le nom seul est une injure. — Mais bientôt une grande partie de la jeune noblesse entre dans le complot. Les neveux de Collatinus s'y laissent entraîner ; et l'on gagne jusqu'aux deux fils de Brutus, jeunes gens il est vrai à peine à l'âge de puberté, et séduits par leur oncle. — Alors on s'abouche avec plus d'assurance. On s'assemble dans la maison même des neveux de Collatinus : on y débat les mesures à prendre ; on y résout le rétablissement de l'ancien gouvernement, le rappel des Tarquin, la mort des deux consuls. — Le succès sembloit assuré, et Rome, à peine libre, alloit retomber sous le joug...... lorsque, par une heureuse fatalité, (ciel ! réserve-la toujours aux traîtres à la patrie !) leurs précautions mêmes les trahirent.

La veille du départ des ambassadeurs, nombreuse assemblée chez les neveux de Collatinus ; et le soir, grand festin. Vers la fin du repas, on renvoie les esclaves, afin d'être absolument libres dans ce dernier entretien sur le grand projet. — Cet air de mystere, qui, vu la foule des convives, sembloit peu naturel, frappe un esclave, et réveille en lui des soupçons que quelques mots échappés à ses jeunes maîtres lui avoient déja inspirés. Il se blottit dans un obscur enfoncement vers la porte, et prête l'oreille. — On se croit sans témoins, on parle haut, on dit tout. Avant de se séparer, les ambassadeurs redoublent d'instances pour avoir du moins quelques lettres à porter aux Tarquin, qui, sans cela, dans une affaire si majeure, n'en croiroient pas peut-être leur simple témoignage. Les chefs ont l'imprudence d'y consentir : ils écrivent, tous signent. Les lettres sont remises ; et déja les ambassadeurs sortoient de Rome..... Mais déja aussi l'esclave (le seul citoyen de toute cette noblesse impie) avoit couru tout révéler aux consuls.

Les ambassadeurs sont arrêtés, les lettres saisies, les conjurés mis aux fers, le sénat extraordinairement convoqué.

Le jour se levoit à peine. Brutus, le front pâle, monte sur son tribunal. On amene chargés de fers les traîtres à la patrie, et il voit parmi eux ses enfans ! — On procede en forme. L'esclave répete sa déposition. Les lettres sont lues, les signatures avouées, et l'on demande aux accusés ce qu'ils ont à dire pour leur défense. — Nulle réponse..... Des sanglots, des larmes. La voix sévere de Brutus réitere la même demande. — Même silence, redoublement de sanglots et de larmes. Collatinus, dont les neveux étoient là, en versoit aussi. Valérius paroissoit ému. Brutus

Brutus l'étoit-il moins , lui pere ?.... Mais *la patrie est en danger*. — Quand il lui fallut prendre
les avis , tout le sénat resta les yeux baissés ;
personne n'osoit ouvrir la bouche ; seulement un
murmure sourd fit entendre le mot d'*exil*, souhait
furtif de la pitié ; mais l'écouter , n'étoit-ce pas
rouvrir aux Tarquin les portes de Rome ? La sen-
tence de mort fut donc prononcée , et les licteurs
s'acheminerent vers la place publique.

O spectacle de tristesse et d'horreur ! celui que
la nature en repoussoit , sa charge l'obligeoit d'y
présider. On voyoit attachés à des poteaux tous
ces jeunes gens des premieres familles : mais les
deux fils du consul attiroient tous les yeux ; on
s'attendrissoit sur leur sort , on n'en déploroit pas
moins leur fatal aveuglement. — Quoi ! dans l'an-
née même , Rome à peine libre , leur pere , libérateur du pays, le consulat né dans leur maison ,
ce sénat, ce peuple, tout ce que Rome avoit de
plus sacré n'avoit pu les arrêter !... Et pour qui ?
Pour un tyran chassé, qui alors ne respiroit que
noires vengeances ! — Les consuls , assis sur leur
tribunal , donnerent l'ordre : les licteurs dépouil-
lerent les criminels, les frapperent de verges ,
leur couperent la tête ; et toute la multitude , pendant le supplice des fils de Brutus , ne détourna
point les yeux de dessus le pere , observant avec

une curieuse terreur , à travers sa triste et pâle fermeté , les angoisses de la nature.

Puis-je ici faire un aveu ? La conduite de Brutus , avant que la régénération française eût élevé nos ames à la hauteur des devoirs du citoyen , me révoltoit intérieurement , et j'étois tenté de n'y voir qu'un cruel fanatisme ; mais l'expérience commence à nous faire sentir que , dans toute révolution d'où dépend le sort d'un peuple, la véritable cruauté est de sauver quelques individus coupables, pour exposer peut-être cent mille innocens à périr. — Eh ! à quoi tiennent les plus hautes destinées ? Supposons que la foiblesse paternelle l'emportant sur la justice, Brutus , pour sauver ses enfans , eût seulement exilé les conjurés ; toute cette jeunesse factieuse eût aussitôt rejoint les Tarquin, ceux-ci n'en seroient revenus que plus rapidement, que plus en force, qu'avec l'espoir d'un plus grand nombre d'intelligences dans Rome , par toutes ces familles intéressées dès-lors à favoriser leur rentrée pour hâter le retour de leurs enfans. Le pouvoir arbitraire s'y fût donc infailliblement relevé sur les cadavres des citoyens ; il y eût de nouveau abâtardi les ames ; il les eût replongées dans la vile apathie de la servitude , dans la rampante nullité de l'égoïsme ; et le souvenir de Rome, au lieu de se présenter à la postérité , entouré d'immortels exemples et avec la conquête du monde , ne lui rappelleroit peut-être qu'une chétive bourgade , repaire obscur de quelques tyrans subalternes , comme le sont encore tant d'autres villes d'Italie.

Le supplice des coupables décida de la révolution : qui eût osé dans Rome, après la mort des deux fils du consul , songer au retour des Tarquin ? Le décret relatif à leurs biens fut révoqué : leurs biens , leurs palais furent livrés au pillage. Le peuple, jaloux , furieux de sa liberté , chassa de la ville tout ce qui leur étoit ou parens ou alliés. Collatinus lui-même inspira de l'ombrage ; son surnom de *Tarquinius* , sa parenté avec eux , son avis de rendre leurs biens (avis qui, dans le principe , avoit paru louable, mais que de nouvelles réflexions faisoient suspecter) , sa conduite molle pendant la condamnation , tout insensiblement inspira contre lui des préventions si fortes , qu'il fut contraint d'abdiquer et de se bannir avec les autres. — La vérité cependant est qu'il avoit contribué à l'expulsion des Tarquin , et toujours paru à l'abri du reproche ; mais son exemple prouve que , dans toute révolution, il faut , ou ne pas accepter les postes d'honneur , ou, non point simplement *paroître* , mais *être* ardent et dévoué.

Tarquin , voyant ses intrigues si cruellement déjouées , eut enfin recours aux armes: deux puissans peuples embrasserent sa querelle. Il entra sur le territoire de Rome avec une nombreuse armée. Brutus courut à sa rencontre : le choc fut terrible; c'étoit celui de la vengeance contre la liberté. Le champ de bataille resta aux Romains : mais quelle victoire!.... Brutus étoit tué ! Il étoit à la tête de la cavalerie romaine : le fils de Tarquin, qui commandoit celle de l'ennemi, l'ayant reconnu au moment du signal. — *Le voilà*, s'écrie-t-il, *celui qui nous a chassés, et qui se pare encore de nos dépouilles. Dieux vengeurs ! aidez-moi.* — Il fond sur Brutus avec sa lance : Brutus se précipite sur lui avec la même furie; et tous les deux, percés en même temps, tombent morts de cheval (Brutus sur le corps de son ennemi, comme pour le poursuivre jusqu'aux enfers). Ainsi périt Brutus!... mais LE SANG VERSÉ POUR LA PATRIE EN MULTIPLIE LES DÉFENSEURS.

La douleur publique donna à ses funérailles l'éclat d'un triomphe. Les personnages les plus distingués leverent du champ de bataille le corps du héros, et le rapporterent à Rome couvert de palmes et de fleurs. L'armée suivoit faisant éclater les plus vifs regrets. Tout le senat en grand cortege alla loin hors des murs au devant de lui. Le consul revêtu d'habits lugubres, le déposa entre des trophées dans la place publique, et prononça du haut de la tribune l'éloge. Les Romaines prirent le deuil pour un an , comme pour un pere.

Tous ces honneurs rendus à la mémoire du premier citoyen mort pour son pays , propagerent de plus en plus l'amour de la patrie , la noble émulation pour la servir , et cet esprit public , la plus forte arme d'un peuple libre. — Rome en avoit le plus grand besoin. Elle est de nouveau en péril , et cette fois Tarquin ne doute plus de la soumettre. Il a intéressé en sa faveur un Roi puissant et belliqueux. Porsenna a marché droit à Rome , il l'assiege avec une foule formidable de Toscans ; déja il s'est emparé du Janicule : les deux consuls sortent pour lui livrer bataille : les deux consuls sont blessés , la bataille est perdue : les Romains , après la plus sanglante mêlée , se sauvent dans leurs murs ; les Toscans les poursuivent l'épée aux reins : un seul pont de bois encore à passer , et la ville est prise... Mais sur ce pont étoit en sentinelle l'intrépide Coclès. — *A moi* , crie-t-il à deux Romains qui s'éloignoient , *à moi contre l'ennemi !* — Il se précipite, il barre le passage , il repousse, il renverse morts les premiers qui veulent pénétrer ; et tous les trois , comme une digue , résistent au torrent des vainqueurs, pendant que, par derriere , à la hâte, on brisoit le pont à coups de hache. — Coclès , voyant qu'il ne restoit plus qu'un bois à rompre, fait sauver ses deux compagnons, et lui seul encore, ô prodige de l'intrépidité romaine ! il arrête quelques instans l'armée ennemie ; et mêlant l'insulte à la bravoure : *Vils esclaves des tyrans*, répete-t-il, *c'est bien à vous d'attaquer des hommes libres!*— Tout à coup le reste du pont s'écroule : Coclès tombe avec les débris dans les flots du Tibre; et, malgré la grêle de traits dont les Toscans furieux l'accable, il arrive à la nage à l'autre rive. — Ses concitoyens le reçurent en triomphe : on lui éleva par la suite une statue d'airain ; mais pour le moment, malgré l'affreuse disette causée par le siege, hommes, femmes, chacun se privant d'une partie du nécessaire, lui fit un petit présent de bled.

Porsenna, pour réduire du moins par la famine ceux que ses armes ne pouvoient dompter, changea le siege en blocus. Maître du cours du fleuve, il ne laissa plus passer de vivres. La faim devenoit cruelle ; les assiégés étoient au désespoir.

Dans ce péril extrême, un jeune homme sort de la ville et se présente aux gardes ennemies. On ne lui voit point d'armes ; il a l'habit toscan ; il parle la langue du pays, on le laisse passer. Il pénetre dans le camp, et se mêle à la foule qui entouroit le tribunal du roi. Porsenna, en ce moment , distribuoit la solde aux soldats , et n'avoit à ses côtés qu'un secrétaire vêtu à peu près comme lui. Le jeune homme ignoroit lequel des deux étoit le roi. Le demander , c'étoit se trahir. Mais voyant les soldats s'adresser plus souvent au secrétaire , il poignarde celui-ci. On s'écrie , on l'arrête ; on le traîne vers Porsenna. — Mais lui, d'un air plus formidable qu'intimidé : *Je suis romain , dit-il , mon nom est Mucius ; j'ai voulu tuer l'ennemi de mon pays , et je sais souffrir la mort comme la donner. Du reste , je ne suis pas le seul qui ait formé un pareil dessein. Beaucoup d'autres aspirent au même honneur. Attends-toi donc à trouver à chaque pas un glaive prêt à te percer. C'est la guerre que la jeunesse romaine te déclare. Nous n'en voulons qu'à toi seul ; et chacun de nous , l'un après l'autre , doit de même t'attaquer.* — Porsenna , pâlissant d'épouvante et de courroux , veut le faire entourer de flammes pour lui arracher le secret du complot. — *Vois ,* dit froidement Mucius en posant sa main sur un brasier allumé , *comme on se soucie du corps , quand on aspire à la gloire.* Et il la laissoit tranquillement brûler... A ce prodige , le roi s'élance de son siege ; et faisant enlever Mucius loin du brasier : *Retire-toi , lui dit-il , jeune insensé, plus ennemi de toi-même encore que de moi ! Je t'encouragerois à ne pas dégénérer d'une telle force d'ame , si c'étoit pour mon pays que tu en fisses usage. Va , malgré qu'en ce moment j'aie droit sur ta vie , je te laisse aller en liberté.* — Alors Mucius , comme cédant à la reconnoissance , mais dans le seul dessein de l'effrayer davantage , lui déclara qu'ils étoient trois cents à Rome qui avoient juré sa mort , que le sort étoit tombé sur lui le premier , et que les autres viendroient chacun à leur tour. — L'artifice réussit. Porsenna , après le départ de Mucius , envoya des ambassadeurs pour faire la paix , et laissa Rome libre.

Tarquin , après une troisieme tentative , toujours impuissante , et où ses fils furent tués , fut réduit à se cacher dans une ville obscure , où il s'éteignit sous le poids des années , dans les vains regrets , et dans ce mépris qui suit toujours l'homme dépouillé d'un pouvoir dont il a abusé.

Telle fut la révolution de Rome sous son regne. — Son histoire seroit-elle la nôtre sous d'autres noms ? Un léger coup d'œil sur le résultat des deux révolutions va nous mettre à même d'en juger.

A Rome , sous Tarquin , l'autorité royale avoit tout envahi. On se crut donc , lors de son expulsion , tous également libres. C'étoit le moment d'abolir cette distinction de familles patriciennes et plébéïennes, source fatale de toutes les dissensions qui bouleverserent par la suite la république : c'étoit le moment de rétablir cette égalité de droits qui seule constitue le citoyen, et dont les Romains avoient joui jusqu'à Servius : mais, il faut le dire, les principes régénérateurs qui triomphent aujourd'hui, étoient ignorés.

Pendant qu'une aveugle joie enivroit le peuple, le sénat et les patriciens s'arrogerent sans bruit les dépouilles de la royauté. On le flatta dans les commencemens ce peuple : on ne vouloit rien faire sans le lui communiquer. C'étoit le bon peuple, c'étoit la majeure partie de la grande famille. Pendant le siege de Rome sur-tout, on eut pour lui des attentions paternelles. Mais ces égards que le devoir eût dû prescrire, la crainte les arrachoit : et la mort de Tarquin révéla le secret de la révolution. — Alors reparurent les fiers patriciens ; et Tarquin sembla revivre dans chacun d'eux. Alors la naissance, les richesses, et toutes ces dignités dont ils s'étoient rendus possesseurs exclusifs, tracerent la ligne de démarcation entre l'ordre auguste et les vils plébéïens : alors la moindre alliance avec ceux-ci eut été une souillure. Ils n'eurent en partage que les fatigues, la misere, l'abjection ; trop heureux qu'on daignât les occuper ; trop heureux de végéter en rampant , et de se précipiter servilement dans la fange , au demi-salut de l'insultante protection , qui sembloit leur faire grace du glaive ! — Ils avoient beau verser leur sang pour conquérir des terres à la république ; les patriciens se les partageoient exclusivement. Les malheureux revenoient dans leurs foyers , couverts de blessures , et quelquefois dénués de tout , il leur falloit emprunter ; on leur prêtoit à grosse usure : leurs besoins croissoient ; usure plus forte : ils se voyoient forcés de vendre leur petit héritage ; on le leur achetoit à moitié prix : et lorsqu'enfin toute ressource leur manquoit , les loix patriciennes , donnant des droits iniques aux créanciers sur leurs débiteurs , on les arrêtoit , on les traînoit en servitude , on les lacéroit à coups de verges et de courroies ; et ce PEUPLE-ROI, au nom duquel au dehors on imposoit le joug aux nations vaincues, gémissoit dans Rome sous un joug de fer. — A la fin , las , excédé de mauvais traitemens , il abandonna de désespoir la ville , et ne consentit à y rentrer qu'après avoir obtenu des *tribuns*, c'est-à-dire des représentans pour défendre ses droits ; et à quelle époque ? quinze ans après l'expulsion des Tarquin !

A Rome donc , le peuple chassa le tyran , sans chasser la tyrannie.

En France... Mais repoussons d'amers souvenirs qui ne peuvent qu'aigrir davantage , quand l'intérêt général seroit d'oublier , et disons seulement qu'*en France* , à cette époque d'ineffaçable souvenir, où l'excès de l'oppression fit rompre tous les freins , la nation, en se ressaisissant de la toute-puissance , a renversé la *tyrannie* pour ne conserver que le *roi*.

Rome , à peine libre , n'aspira qu'à conquérir le monde.

La France , en recouvrant sa liberté , a juré la paix à l'univers. — Et l'on court toute l'Europe pour soulever contre elle les peuples ! et les misérables intérêts de quelques vanités lésées , la remettent en péril... Et au nom du ciel..... (l'ame est navrée de cette profanation), l'hypocrisie distribue les poignards de la guerre civile sous le masque sacré d'amis du roi , comme si , depuis qu'en France il n'y a plus qu'un roi, ce roi y avoit d'autres amis que le peuple !

Infortuné monarque ! ils te rentraînent vers l'abyme , et t'y abandonneront encore. Sors , sors , il est temps , de ce sommeil équivoque qui compromet la fortune publique et ta propre sûreté.

Montre-toi le roi des Français , après ne l'avoir été que de ta cour. Exécuteur suprême de la volonté nationale , souviens-toi de tes sermens , et nous tiendrons au-delà des nôtres. —

Eh ! que veulent-ils ? quel est le but de leurs coupables rassemblemens? *Ramener l'ancien ordre de choses?* Quoi! en ramenant dans leur patrie la guerre, la famine, l'infame banqueroute ? Hélas ! en éternisant nos malheurs , redeviendront-ils donc heureux ! — *Nous tuer?* — Mais tueront-ils en même temps la mémoire , la conscience du genre humain ? Ils tueront des patriotes ! hé bien! dans quelques années, le genre humain sera patriote.— Non, il n'est plus au pouvoir de la force de l'anéantir , cette constitution glorieuse, qui, la première , élevant au dessus des préjugés un front calme, a dit à l'homme : *voilà tes droits.* — Au citoyen , *voilà tes devoirs.* — Au trône, comme Dieu à l'océan, *tu ne t'élèveras que jusques-là.* — Et à la conscience, *je te délivre de l'hypocrisie des superstitions.*

Et ce n'est point ici de ces fictions empruntées d'un monde idéal, ni le rêve consolateur de l'infortuné qui sommeille : nous vivans, nous l'aurons vu !... Ah ! ne déméritons point d'une telle époque, et sentons du moins l'honneur de notre position. — FRERES ET AMIS! nos peres ont vieilli et sont morts dans le silence de la servitude. La moitié, la plus belle partie de nos jours s'est passée à être misérablement ballottés sur les flots du cahos féodal. Un hasard unique , inespéré nous jette sur la rive sacrée de la liberté : gravissons-y , saisissons-en à pleines mains les ronces, les roches les plus aiguës , et serrons-nous fortement les uns contre les autres , à l'approche de ces vagues mugissantes qui menacent encore de nous engloutir... NOTRE UNION , NOTRE COURAGE FERONT NOTRE SALUT.

FIN.

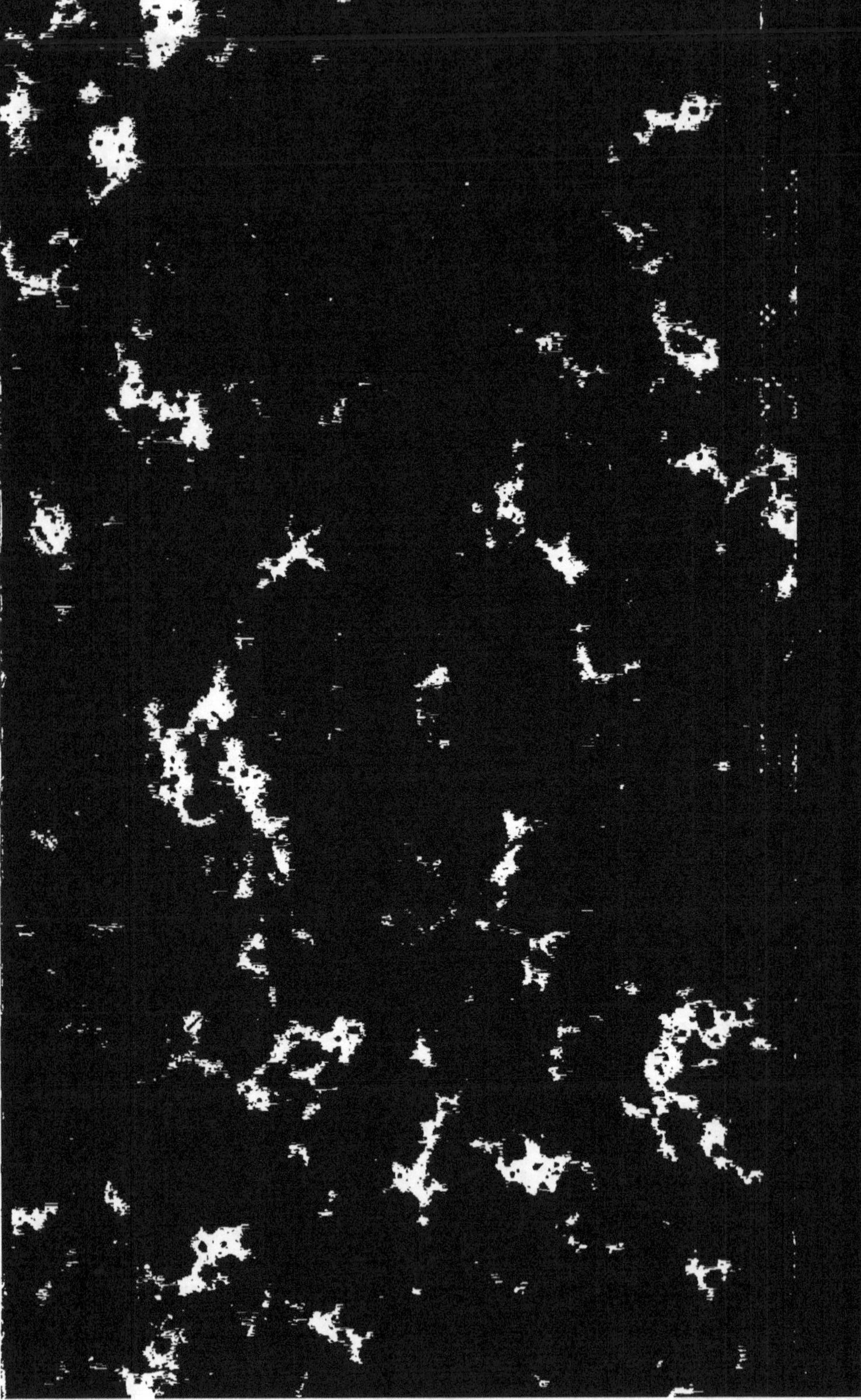